まちをつくる　くらしをまもる

公務員の仕事

5. くらしをまもる仕事

協力：足立消防署　編：お仕事研究会

もくじ

●この本の使い方

おもな仕事の内容を、説明します。

組織内の部署名です。（組織によって、同じ仕事をしていても部署名が違ったり、担当する仕事のはんいがことなっていたりします。）

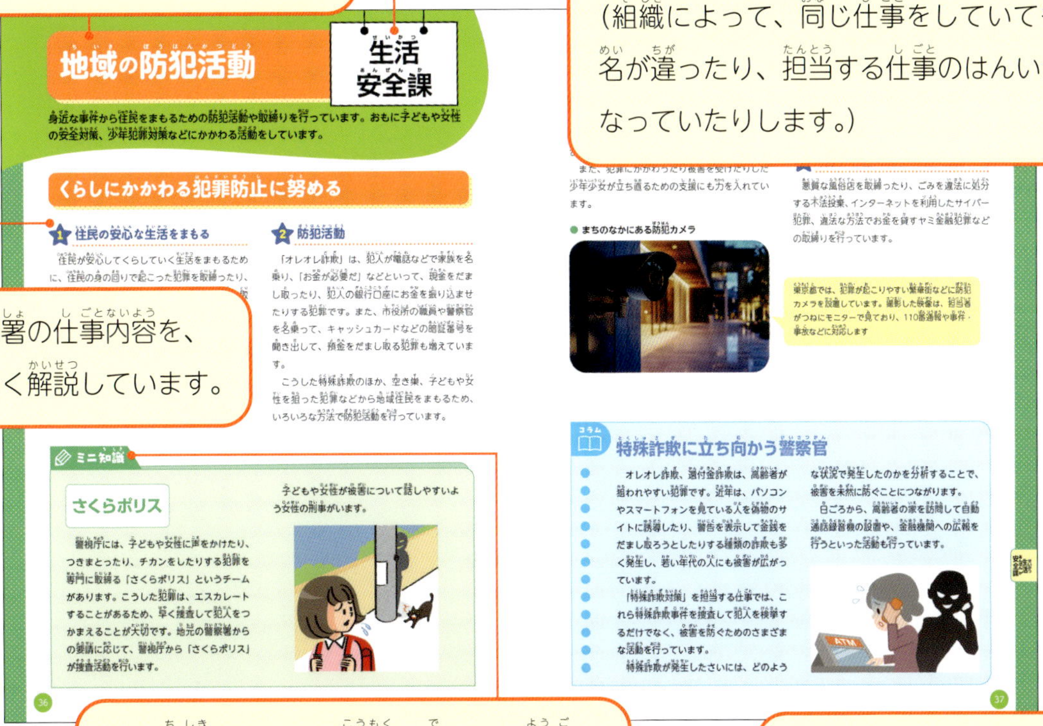

その部署の仕事内容を、くわしく解説しています。

ミニ知識では、この項目で出てくる用語や仕事内容をおもに説明しています。

この部署ではたらいている人に、インタビューをしています。

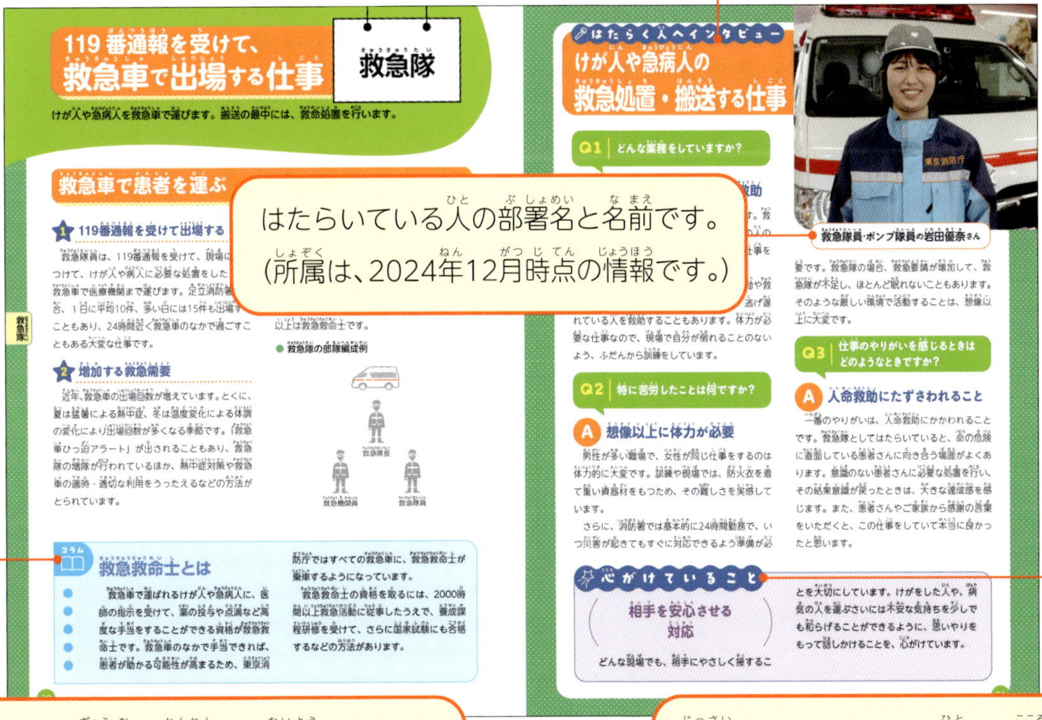

はたらいている人の部署名と名前です。（所属は、2024年12月時点の情報です。）

コラムでは、業務に関連する内容について、情報を補ってくれます。

実際にはたらいている人が「心がけていること」を聞きました。

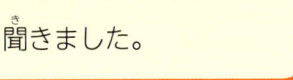

消防署の仕事

消防署の仕事は、地域にすむ人たちの生命・身体・財産を火災や事故、自然災害などからまもることです。

消防署の仕事

消防署ではたらく消防官は、住民の生命・身体・財産をまもるために、火を消す消火活動や、事故にあった人を助ける救助活動、病気やけがの人を病院へと運ぶ救急活動を行っています。さらに、テロへの対応や、大勢の人が参加するイベントの警戒、防火安全対策、火災の原因調査、広報活動なども行っています。また消防署では、事務的な仕事を行う一般職員もはたらいています。

消防官は、火災や事故などがいつおきても対応できるように、毎日24時間、消防署内ではたらいています。さらに、消火や救助活動をすばやく正確に行うために、ふだんから訓練にはげんでいます。

1 消防署ではたらく人

①消防官

消防署で消火や救助のためにはたらく人のことです。正式には「消防吏員」といいます。一般に使われる「消防士」という呼び名は、消火活動にたずさわる人がつく最初の階級の名称です。

②一般職員

消防署のなかで、窓口業務や書類作成、取引業者への対応などを行います。勤務形態は毎日勤務です。

ミニ知識

消防吏員の階級

消防官は、危険な現場で行動するために、階級があります。上下関係が決まっていることで、組織的で統制のとれた行動ができるのです。

階級は、試験を受けて合格することで、ひとつずつ上がっていきます。

階級	役職
消防総監	総監
消防司監	次長、理事、各部長など
消防正監	消防学校長、方面本部長など
消防監	消防署長など
消防司令長	副署長、各課長など
消防司令	係長、大隊長など
消防司令補	主任、中隊長など
消防士長	副主任、小隊長、機関員など
消防副士長	係員、隊員など
消防士	係員、隊員。ここからスタート

※役職は、東京消防庁の例です。

2 消防署の勤務体制

消防署には、21日を１サイクルで３交替ではたらく交替制勤務と、毎日の勤務時間が決まっている、毎日勤務の人がいます。

交替制勤務のとある一日　ポンプ隊員の例

時間	内容	備考
8:30	大交替	前日の当番隊から業務を引きつぎます
9:00	点検	
10:00	事務処理	係の仕事をします
	PA 連けい出場	ポンプ車と救急車が連けいして活動すること
12:00	昼食・休けい	
13:00	小隊立入検査	飲食店等の避難経路が確保されているかを検査
15:00	訓練・体力トレーニング	
17:15	夕食	
18:00	点検	消防車両や資器材を点検
18:30	ミーティング・事務処理	当番全員で、伝達事項や、災害での活動を検討します
	火災出場	
	帰署、資器材管理	
22:00	入浴	
22:20	仮眠	昼夜にわたってはたらくため、夜間に仮眠をとります
2:00	通信勤務	交替で通信業務につき、災害発生に備えます
3:00	仮眠	
6:00	起床	
7:15	朝食	
8:30	大交替	次の当番隊に業務を引きつぎます
8:40	業務終了	

勤務時間8：30 ～翌8：40 週の平均勤務時間は38時間45分です。

毎日勤務の一日　防災安全係員の例

時間	内容	備考
8:30	業務開始	スケジュールを確認して、業務の指示を受けます
9:00	打合せ	係内で打合せを行います
10:00	署隊本部支援	災害時には、署内で災害対応を助けます
12:00	昼食・休けい	
13:00	防災指導	防災訓練に出向き、消火器の使い方や避難方法を指導します
15:00	消防少年団の活動支援	火災予防について教えたり、訓練をしたりします
16:30	事務処理	報告書の作成や、書類の整理をします
17:15	業務終了	

勤務時間8：30 ～ 17：15 勤務時間は週38時間45分です。
土・日曜日および祝日が休みの週休２日制です。

朝の大交替

消防官は日ごろから訓練を欠かしません

交替制勤務のサイクル（例）

1	2	3	4	5	6	7	8	9	10	11	12	13	14	15	16	17	18	19	20	21
月	火	水	木	金	土	日	月	火	水	木	金	土	日	月	火	水	木	金	土	日
当番	非番	休み	当番	非番	当番	非番	休み	当番	非番	休み	当番	非番	当番	非番	休み	当番	非番	日勤	休み	休み

※日勤日の勤務時間は8：30 ～ 17：15

毎日勤務のサイクル（例）

1	2	3	4	5	6	7	8	9	10	11	12	13	14	15	16	17	18	19	20	21
月	火	水	木	金	土	日	月	火	水	木	金	土	日	月	火	水	木	金	土	日
勤務日	指定当番	非番	勤務日	勤務日	休み	休み	勤務日	勤務日	勤務日	勤務日	祝日	休み	休み	勤務日	勤務日	勤務日	勤務日	勤務日	休み	休み

※毎日勤務の消防官にも、月に２回程度の指定当番業務があり、泊まりこみで勤務します。

消防署の仕事 2

119番通報を受けた指令室から、消防署に連絡が入ると、24時間いつでも消防隊が現場に向けて「出場」します。

消防の組織

2023（令和５）年現在、日本には722の消防本部がおかれていて、1714の消防署があります*。さらに出張所の数は3093、民間の消防団の数は2177あって、これらの組織が協力して、火災や事故、災害などに備えています。

1 消防本部

日本では基本的に市町村が消防機関の主体となっていて、各市町村にひとつずつ消防本部がありますが、小さな市町村がいくつかまとまって、ひとつの消防本部をもつこともあります。そして、国の機関である総務省の外局の「消防庁」が消防機関をとりまとめています。

東京都の場合は、特別区（23区）と多摩地区が「東京消防庁（消防本部）」の管轄です。さらに、地域ごとに10の消防方面本部（第一方面〜第十方面）がおかれていて、島しょ部と稲城市をのぞく東京都内をカバーしています**。

2 消防署

現在、東京消防庁には消防署が81署、消防分署が３分署、消防出張所が208所あります。東京の第六方面に属している足立消防署の場合、火災に対応するポンプ隊、特別消火中隊、はしご隊、指揮隊のほか、特別救助隊や水難救助隊、救急隊などがあります。足立消防署内には、綾瀬出張所、淵江出張所、大谷田出張所、神明出張所もあります。

3 消防部隊

いろいろな火災に対応するため、消防署にはさまざまな部隊があります。

①ポンプ隊

火災のさいにポンプ車で現場にかけつけて、火を消す部隊です。消防署につとめる多くの人が、最初に配属されるのがポンプ隊で、消防署の最も基本となる部隊でもあります。

②特別消火中隊

複雑多様化する火災に対応するために、高度な技術と特別な装備を備えた消火のスペシャリストです。

③はしご隊

はしご車で、高いビルに取り残された人を救助したり、高い場所から放水を行ったりします。

④指揮隊

災害現場にいる部隊を指揮、統括します。命令を出したり、情報収集したりするために、指揮車には無線通信機や拡声器を装備しています。

4 救助隊

①特別救助隊

人命救助のために、高度な知識をもち、特殊な装備をたくさんもっています。火災や交通事故、自然災害などいろいろな場所でかつやくします。

*令和５年版 総務省『消防白書』より。　**東京都稲城市は、独自の消防本部をもっています。

②水難救助隊

海や川で事故にあった人を救助します。東京消防庁内の６つの消防署に配置しています。

5 救急隊

救急隊は119番の通報を受け、救急車で現場にかけつけて、けが人や急病人を病院へ運びます。救急救命士が同乗し、より高度な人命救助ができるしくみが整えられています。

6 災害救急情報センター

119番通報を受けて、各消防署につたえる場所です。最近では外国語の通報にも対応しています。電話で応急手当のアドバイスも行います。

● 東京消防庁組織図

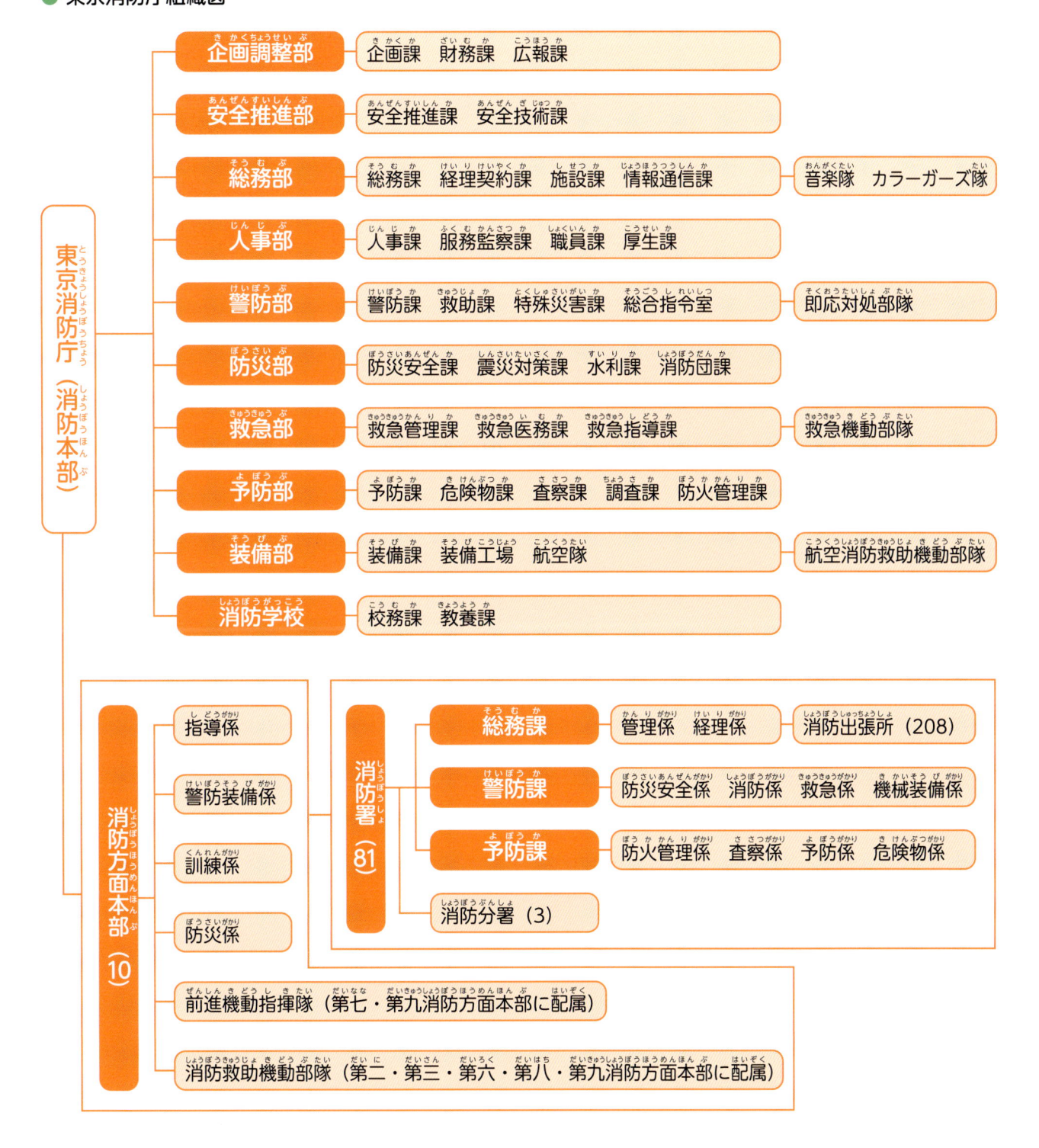

- 東京消防庁（消防本部）
  - 企画調整部：企画課　財務課　広報課
  - 安全推進部：安全推進課　安全技術課
  - 総務部：総務課　経理契約課　施設課　情報通信課 ― 音楽隊　カラーガーズ隊
  - 人事部：人事課　服務監察課　職員課　厚生課
  - 警防部：警防課　救助課　特殊災害課　総合指令室 ― 即応対処部隊
  - 防災部：防災安全課　震災対策課　水利課　消防団課
  - 救急部：救急管理課　救急医務課　救急指導課 ― 救急機動部隊
  - 予防部：予防課　危険物課　査察課　調査課　防火管理課
  - 装備部：装備課　装備工場　航空隊 ― 航空消防救助機動部隊
  - 消防学校：校務課　教養課
  - 消防方面本部（10）
    - 指導係
    - 警防装備係
    - 訓練係
    - 防災係
    - 消防署（81）
      - 総務課：管理係　経理係 ― 消防出張所（208）
      - 警防課：防災安全係　消防係　救急係　機械装備係
      - 予防課：防火管理係　査察係　予防係　危険物係
      - 消防分署（3）
    - 前進機動指揮隊（第七・第九消防方面本部に配属）
    - 消防救助機動部隊（第二・第三・第六・第八・第九消防方面本部に配属）

消防官の基本となる仕事　ポンプ隊

いち早く災害現場にかけつけて、人命救助を最優先に火を消したり、救助活動を行ったりするのがポンプ隊の仕事です。

おもに火災現場に出場し、消火や救助をする

消防署ではたらく人が、消防学校を卒業したあと多くの職員が最初に配属されるのがポンプ隊です。消防署のすべての仕事の基本となる部隊でもあります。ポンプ隊で消防官たちは、実際に災害の現場にかけつけてホースで放水して火を消したり、要救助者を救助したりすることで、消防官の仕事を学んでいきます。

1 水をかけて火を消すポンプ車

ポンプ車は、消火栓や防火水槽からくみ上げた水を、ポンプを使って放水することで、炎の温度を下げて火を消します。高速道路の火災などで、近くに消火栓がない場合には、10トンの水を入れた水槽をもつ水槽車を用いることもあります。実際に災害が起きたさいには、指揮隊を中心としてはしご隊や特別消火中隊、特別救助隊、救急隊などの部隊と協力しながら活動します。

● ポンプ隊の部隊編成例

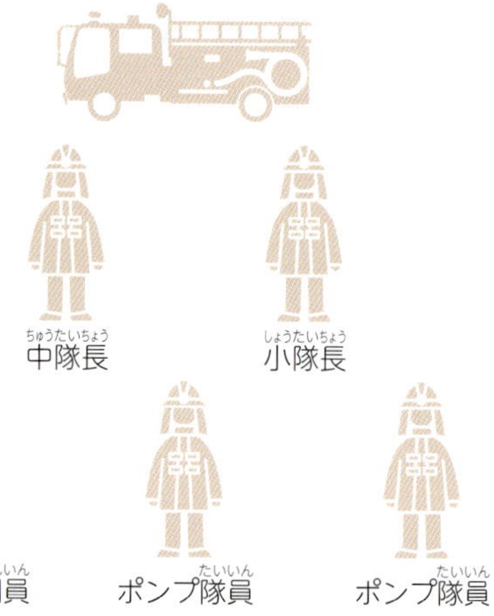

2 ポンプ隊のメンバー

ポンプ隊は、ポンプ隊長のほか、ポンプ車を運転するポンプ機関員とポンプ隊員でチームを組んでいます。ポンプ車の運転やポンプを運用するポンプ機関員は、ポンプ機関技術を取得する必要があります。

隊員たちは、消火や救助活動だけでなく、救急車が来るまでの間、けが人の応急手当をすることもあるので、そのための訓練も積んでいます。

ガンタイプノズルは放水量を切り替えて放水できます

はたらく人へインタビュー

火を消し、消防活動を行う仕事

ポンプ隊・消防活動二輪隊員の伊藤悠さん

Q1　どんな業務をしていますか？

A　火災・事故現場での救助など

ポンプ隊と消防活動二輪隊（バイク隊）の隊員としてはたらいています（25ページ）。

ポンプ隊では、火災現場、交通事故などで救助が必要な場所に行き、消防活動を行います。

消防活動二輪隊は、東京消防庁の全81消防署のうち、10署のみに配置されている特別な隊です。高速道路で火災や事故が起きたとき、車だと渋滞に巻き込まれてしまうことがありますが、バイクならいち早く現場に着いて、救助・消火活動や情報収集を始めることができます。

Q2　仕事のやりがいを感じるときは、どのようなときですか？

A　被害を最小限にできたとき

火災現場でスムーズに活動し、被害を少しでも小さくすることができたときです。安全かつスピードが求められる現場で、仲間とすぐに判断して動くことは簡単ではありませんが、日ごろから地道に積み重ねてきた訓練や体力づくりをいかせたときは、「この仕事をしていて良かった」と大きなやりがいを感じます。

Q3　印象に残っていることはありますか？

A　大きな火災現場の迫力

ニュースで見るような大きな火災の現場に、だれよりも早く到着して活動したときのことです。朝方にとつぜん出場指令が入り、現場に向かうと、ものすごい熱さと、建物が燃える音、けむりの臭いでいっぱいでした。木造アパートが燃え、屋根まで抜け落ち、瓦がバラバラと落ちてくる……その迫力は今でも忘れられません。

心がけていること

けがをしない・させない！

現場では自分自身がけがをしないこと、そして仲間にけがをさせないことを大切にしています。人間だから、まちがえたり迷ったりすることはありますが、仲間と細かく確認や会話をすることで、けがや失敗を事前に防ぐようにしています。

はしご車に乗り消防活動をする仕事

はしご隊

高いビルに取り残された人を助けたり、高所から放水して火を消したりするのがはしご隊の仕事です。

はしご隊の仕事

はしご車からはしごをのばして、消防活動や放水活動を行います。はしご車には、30m級と40m級があり、地域の建物の大きさに合わせて配備されています。

1 高くのびるはしごで、人命救助

足立消防署に配置されているはしご車は、高さ30mまではしごをのばすことができ、はしごの先にはバスケットがついています。このはしごを用いて、高いビルでの救助活動や、放水による消火を行います。また、はしごを下にのばすことで、海や川に落ちた人を救出することもできます。

2 はしご隊のメンバー

はしご隊は、はしご隊長のもと、はしご機関員と、はしご隊員でチームを組んでいます。はしご隊員になるには、ポンプ隊員としてある程度経験を積み、技術を身につけた消防官のなかから、本人の希望と適性を見て配属が決まります。燃えているビルのなかに入って、救助活動を行うはしご隊員には、特別救助隊員の資格をもつ人も多くいます。

● はしご隊の部隊編成例

はしご隊長　はしご機関員　はしご隊員

3 はしご車を運転する機関員

はしご車を運転するはしご機関員になるためには、大型自動車免許をもっているだけでなく、ポンプ機関員を2年以上つとめた上で、東京消防庁内の資格である、特別操作機関技術の認定を受ける必要があります。

はしご車は、ポンプ車と比べると車体が大きいため、細い道を走るのはむずかしいです。またまちなかには電線が張りめぐらされているため、はしごをのばしても引っかからないような位置どりなども必要です。このため、はしご車のハンドルをにぎるはしご機関員は、高度な操縦技術だけでなく、区域内の道路についてもよく知っていなければなりません。

はしご車による放水訓練

はたらく人へインタビュー

はしご車に乗り消防活動をする仕事

はしご隊長・地域防災担当の遠山慎哉さん

Q1 どんな業務をしていますか？

A はしご車での救助や子どもたちの育成

はしご隊長として、はしご車に乗って活動しています。高い場所で逃げ遅れた人を助けたり、火を消したりする仕事で、はしご車がないとできない活動はたくさんあります。そのため、どんな状況でも安全に、すばやく対応できるよう、毎日訓練しています。

地域防災担当としては、小学３年生から高校３年生の子どもたちに、初期消火や応急手当、ロープの使い方、地震や台風のときの対応方法など、防災に関するさまざまなことを教え、将来の防災リーダーとして消防少年団員を育てています。

Q2 仕事のやりがいを感じるときは、どのようなときですか？

A 「ありがとう」と言われたとき

一番うれしいのは、人から「ありがとう」「助かったよ」と感謝されることです。私たちの仕事は、命にかかわるものばかりで、大変な訓練や活動も多いですが、感謝の言葉をもらえると「この仕事をしていて良かった！」と思えます。

Q3 印象に残っていることはありますか？

A 職員どうしのチームワーク

消防職員のチームワークの強さです。私たちは、ごはんを食べるときも、お風呂に入るときも、寝るときも一緒に過ごします。そして、現場ではおたがいの命をまもり合う、まるで家族のような仲間です。ひとつの目標に向かって力を合わせるときは、何もいわなくても全員ができる限りの行動をします。仲間のために、全員が協力する姿はどんな仕事にも負けない強さだと思っています。

心がけていること

いつでも安全第一で行動！

仕事では危険な場所に行くことが多いですが、助けを求める人を救うためにも、自分たちが安全に仕事を終えることがとても大切です。たとえば、簡単な作業でも手袋やヘルメットをつけたり、落ちているネジを見つけたら必ずひろったりします。危険なものをできるだけなくし、安全第一で行動することをいつも心がけています。

消火のスペシャリスト

特別消火中隊

複雑化する災害に対応するために、消火のプロフェッショナルが集まった部隊です。

さまざまな火災現場に出場し、最前線で活動

特別消火中隊は、消火活動を行う能力に優れていて、素早く効果的に活動することができる部隊です。このため、豊富な経験と技術をもつだけでなく、技能向上に対する意欲が高い隊員が集まっています。

1 特別消火中隊の活動

特別消火中隊は、消防署が管轄する区域のすべての火災に出場して、火災現場の最前線で活動するのが大きな特色です。

消火活動に必要な高度な知識、技術を備えるだけでなく、最新の消防資器材をもっていて、現場経験の豊富な隊員で構成されています。基本的な活動内容は、ポンプ隊と同じようなものですが、救助活動に使用するために、大型スプレッダーやカッター、空気式の救助資器材が特別に配備されており、消火活動や救助活動でその能力を発揮しています。

また、火災現場で活動している隊員の、安全管理の中核を担う部隊でもあります。

特別消火中隊に任命された隊員は、黒色の防火衣を着用し、金色のヘルメットをかぶっています。災害発生時には、必ず2台の消防車が1ペアとなって出場することになっていて、中隊長以下8名の隊員を確保しています。

2 特殊な場所での火災

特別消火中隊は、消火隊が簡単には入れない地下や、工場などでの消防活動を行うことも求められています。このため隊員は、きびしい訓練を経て、特別救助資格を取得するなど、高い技術と経験を備えています。

特別消火中隊員は、黒い防火衣と金色のヘルメットが特ちょうです

はたらく人へインタビュー

消火のプロとして命をまもる仕事

特別消火中隊の山本尚矢さん

Q1 どんな業務をしていますか？

A 災害現場での消火・救助活動

特別消火中隊の小隊長としてはたらいています。この部隊は、消火がむずかしい火災や特殊な火災に対応する専門の部隊で、火災現場の中心となって活動します。火事以外にも、救急・救助・火災予防の仕事も行います。

さらに、私は災害現場で安全管理を担当し、火事のようすや危険な場所を確認して仲間に伝え、安全に活動できるようにしています。

Q2 仕事のやりがいを感じるときは、どのようなときですか？

A 自分の成長と仲間の無事

新しいことに挑戦するときは、もちろんわからないことばかりで大変です。そんななかでも、努力を続けてできることがまたひとつ増えたとき、大きなやりがいを感じます。

また、災害現場で人を救助できただけでなく、その現場から仲間全員がけがをすることなく、無事に帰ってこられたときも、この仕事を誇りに思います。

Q3 仕事をする前と現在では、考え方や気持ちに変化はありますか？

A 人の気持ちを考えられるように

この仕事を始める前は、自分のことしか考えていませんでした。でも、災害現場で助けた人やそのご家族から「ありがとう」と感謝される経験などを通して、まわりの人の気持ちも考えられるようになり、自分自身も成長できたと思います。

心がけていること

明るく楽しい職場環境に！

消防署では、1日のほとんどを仲間と一緒に過ごします。仕事をより安全でスムーズに進めるため、いつでも明るく、そして楽しくはたらけるように、コミュニケーションを大切にしています。

災害現場で司令塔となる仕事

指揮隊

災害現場で、各隊が連けいして消火、救助活動を行えるように、大隊長が指揮をしています。

火災現場で各部隊を指揮

さまざまな災害現場において、出場した部隊が連けいしてはたらけるように、また災害の実態や被害状況を現場で確認しながら、被害を最小限にできるように、大隊長（消防司令）が統括、指揮をして、各出場隊に指示命令をしています。さらに指揮隊は、指令室に現場の状況を無線で報告したり、必要な部隊を応援要請したり、あらゆる情報収集を行っています。

1 みんなが協力してはたらく

災害が起きたさいに、実態をはあくすることはとても大事です。指揮隊は現場に出場して、被害状況や避難状況、危険な場所などの情報を集めます。それらを整理した上で、災害現場の責任者である大隊長が全隊をまとめ、また指揮します。

また災害の現場では、消防の各部隊だけでなく、警察や医療機関、その他いろいろな人たちが活動しています。それらの人たちとの調整も指揮隊の役目です。

2 指揮隊員

指揮隊車には、災害時に無線をあつかう通信担当が乗っています。状況の報告や指示はおもに無線を通して行うため、担当する隊員はつねに冷静でいなければなりません。また災害現場では、現場の状況を無線機で指令室に報告します。大隊長からの指示や現場の状況は、無線機を通して伝令とやりとりしたり、直接現場を確認したりします。刻々と状況が変わる災害現場で、現在何が起きているか情報収集する、情報担当も重要です。

指揮隊には、無線機や活動にかんする資料をのせられるワンボックスカーなどが用いられます。

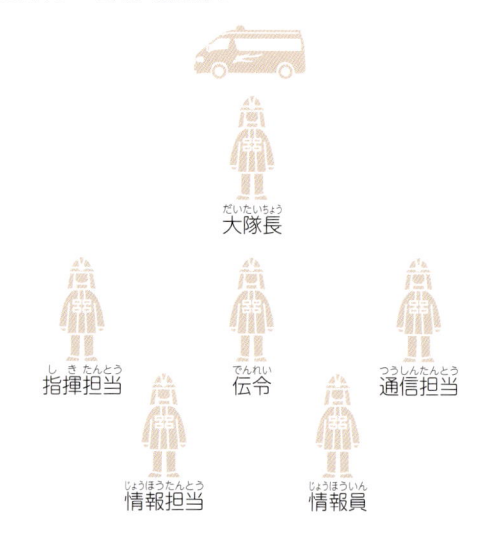

● 指揮隊の部隊編成例

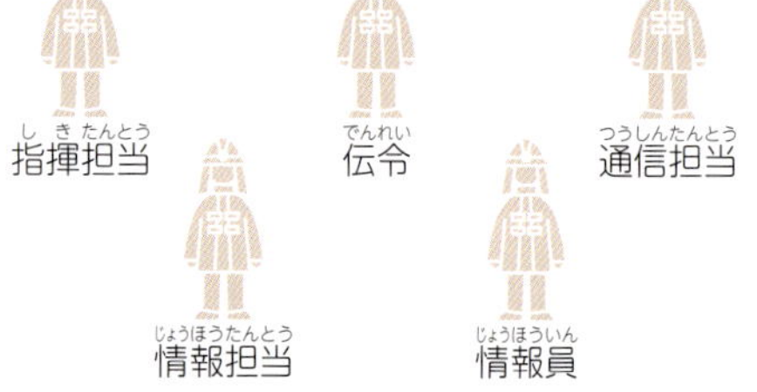

指揮隊に積んである無線機から指令を出します

はたらく人へインタビュー

災害現場で無線交信をする仕事

Q1 どんな業務をしていますか？

A 災害時の指揮や消防活動訓練

おもに指揮隊の運転手（機関員）として、災害現場で指揮をスムーズに行うためのサポートをしています。東京消防庁の総合指令室と連けいし、現場での活動指示や情報収集した内容を無線を活用して報告しています。

消防係としては、出場した災害の報告書の作成や、いつ災害が発生しても対応できるように、災害出場に備えた計画を立てたり、消防活動訓練などを行ったりしています。

消防係・指揮隊通信担当の塚本あんなさん

Q2 特に苦労したことは何ですか？

A 男性に負けない体力が必要

重い資器材を運ぶ作業など、筋力や体力が必要な場面では苦労することもあります。しかし、「女性だからできない」と思われたくないので、休日にはランニングや筋力トレーニングを行い、男性にも負けない体力をつける努力を続けています。

Q3 読者に伝えたいことは何ですか？

A 人の役に立つ仕事に挑戦しよう！

どんな仕事であっても、最終的には誰かの役に立つものです。消防隊はそのなかでも、自分の手で誰かを助けることができ、直接感謝の気持ちを聞くことができる特別な仕事です。身体を動かすのが好きな人、人を助けたいという気持ちがある人に、ぜひめざしてほしいです。

心がけていること

いつでも安全運転を！

指揮隊の運転手として、絶対に交通事故を起こさないよう、細心の注意をはらっています。災害現場に向かう途中で事故を起こしてしまうと、本来の任務が果たせなくなるため、安全運転を何よりも大切にしています。

人命救助のスペシャリスト 特別救助隊

セントバーナード犬のワッペンとオレンジ色の服を身につけて、さまざまな災害の現場で人命救助を行います。

特別な技術と資器材で、人を救う

特別救助隊は、東京消防庁に81ある消防署のうち、23の消防署に配置されていて、特に困難な災害に対応する部隊です。

1 特別救助隊のメンバー

東京消防庁の定めた試験に合格し、特別救助技術研修を受けた人だけが、特別救助隊のオレンジの服を着ることができます。そして、救助にかんする高い知識と専門技術をいかして、火災や交通事故、自然災害の現場などで、人命救助のためにはたらいています。

特別救助隊員になるには、選抜試験に合格後、25日間のきびしい研修を受けて、それを修了した人が隊員の候補になります。実際に隊員になるには、さらに特別救助隊のある消防署に配属される必要があります。

2 特殊な資器材

特別救助隊は、およそ300種類もの資器材を使い分けて人命救助を行います。資器材には、交通事故現場で車の間にはさまれた人を、ボディーごとカットして助けるための空気のこぎりや油圧カッターをはじめ、空気の力で重いものを持ち上げるエアーバッグなど、いろいろな現場に合わせて開発された道具があります。

災害のない時間には、状況に合わせた救助を行えるように、これらの点検や資器材を使いこなし、救出訓練や資器材の取扱いの訓練を日々行っています。

● 特別救助隊の部隊編成例

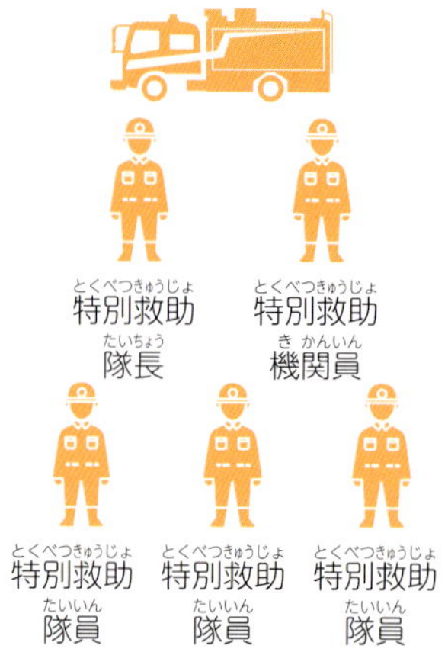

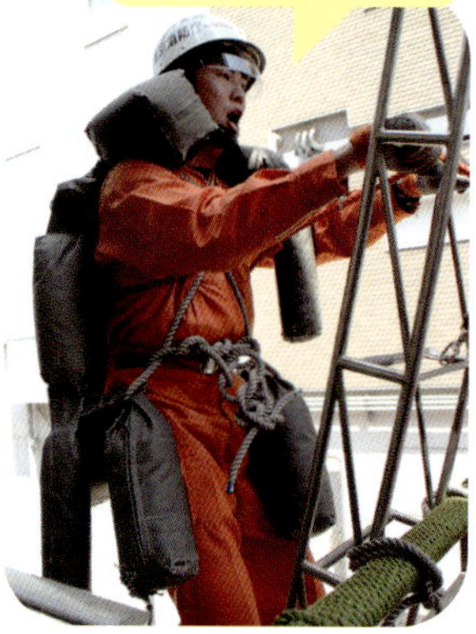

ダミーの人形を背おって、要救助者を助け出す訓練

3 特別救助隊のいろいろ

東京消防庁にはさらに、水難救助隊や山岳救助隊があるほか、航空消防救助機動部隊と、第二、第三、第六、第八および第九消防方面本部に震災などの大規模な災害に対応するための、消防救助機動部隊（ハイパーレスキュー）も置かれています。2020（令和２）年には、大規模自然災害に対応するために、警防本部直轄の部隊として即応対処部隊も設けられました。

海外で大きな災害が起きたさいには、相手国からの要請に応じて、国際消防救助隊が派遣されることがあります。全国77の消防本部の隊員が、外務省や警察などと協力して国際緊急援助隊救助チーム（JDR）を結成します。

はたらく人へインタビュー

あらゆる災害に対応する仕事

特別救助小隊員の井田智也さん

Q1 どんな業務をしていますか?

A 災害に備えた訓練や救助活動

東京消防庁、足立消防署の特別救助小隊員として、オレンジ色の隊服を着てはたらいています。ふだんからさまざまな災害に備えて、はしごやロープなどの特殊な資器材を使った訓練をしたり、実際の災害現場で救助活動を行ったりしています。

ほかにも、救助に使う資器材の点検や筋力トレーニングを日々行っています。消防署の生活のなかでは、料理にもはげんでいます。

Q2 公務員をめざした理由は何ですか?

A 誰かを救える仕事がしたい

大学時代にライフセービング活動を経験し、「誰かを救うための仕事がしたい」と思い、消防官を志望しました。そのなかでも、高い技術や知識を身につけ、多くの人を助けることができる特別救助隊に入りたいと思い、この仕事を選びました。

Q3 仕事のやりがいを感じるときはどのようなときですか?

A 訓練の成果が見えたとき

助けを求めている人を救助し、その人から直接お礼をいってもらえたとき、自分の行動や努力が人の命を救ったということを実感でき、やりがいを感じる瞬間です。また、できなかったことが、日々の訓練で少しずつできるようになり、先輩や上司からほめられるとうれしさを感じます。

心がけていること

人間関係を大切に!

助けを求めている人はひとりでは決して救えません。消防署では、仲間と24時間ともに過ごすため、おたがいに良い関係でいることがとても大切です。

そのため、自分から進んであいさつをしたり、仲間と積極的にコミュニケーションをとるように心がけています。

水難事故から人を助ける仕事

水難救助隊

川や海で起きた事故などに出場するのが水難救助隊です。

水難事故に出場

川で溺れた人や、海に転落した自動車に閉じ込められた人を救助する水難救助隊は、東京に81ある消防署のうち、日本橋、臨港、大森、足立、小岩、調布の６カ所にしかありません。このため、たとえば足立消防署綾瀬出張所に所属する水難救助隊は、足立区だけでなく、東京消防庁全体で起きた水難事故や海の事故にも出場しています。

1 専門の資格が必要

水難救助隊員になるには、国家資格である潜水士の免許を取得し、東京消防庁の水難救助技術研修を修了するなど、専門的で高度な知識、技術をもっている必要があります。

さらに、重たい潜水資器材を身につけ、水中という特殊な環境で活動を行うため、水難救助隊員になるためには、きょうじんな体力が必要です。

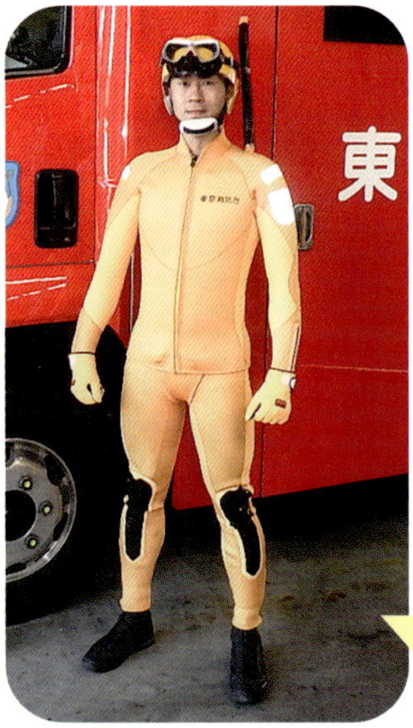

ウェットスーツを着た水難救助隊員

2 ２つの仕事をかけもち

水難救助隊の隊員は、東京消防庁管内６カ所の水難救助隊のある消防署に所属していますが、ふだんはポンプ隊などほかの部隊ともかけもちしています。このため、火災で出場があったときは、防火衣を着て現場に向かいます。火災などの災害のさいには、消防官はみんなで協力して消火、救助活動を行うのです。

3 水難救助艇もある

東京湾に面した臨港消防署には、大型の消防艇のほかに水難救助を行うための水難救助艇も２隻あります。また、水難救助艇については、隅田川に面した日本橋消防署にもあります。

特殊な訓練施設を使って、溺れた人を探し出す訓練をしている様子

はたらく人へインタビュー

水難事故から人を助ける仕事

水難救助隊の長南光紀さん

Q1 どんな業務をしていますか？

A 災害時の消防活動や水難事故に備えた訓練

ふだんはポンプ隊の隊長として、火災や救急、交通事故などの現場での救助活動や、救助のための訓練、地域の方々に向けた防火防災訓練などを行っています。

さらに、東京消防庁管内に６カ所しかない水難救助隊で、川や海で人が溺れたり、車が落ちたりしたときに、特別な資器材を使って救助活動を行います。この仕事は体力と技術はもちろんですが、泳力も必要なため、さまざまなトレーニングや水の事故に対応するための訓練を日々行っています。

Q2 仕事のやりがいを感じるときはどのようなときですか？

A 努力が実を結び人を助けられたとき

水難救助隊の現場や訓練はとても厳しいですが、その日々の積み重ねを災害現場で発揮し、助けを求めている人を救助できたとき、「この仕事をやっていて良かった」と達成感を感じます。また、災害現場や地域の方々に感謝されたときも、本当にうれしく感じます。

Q3 印象に残っていることは？

A 海上自衛隊基地での研修

広島県の江田島にある海上自衛隊の基地で、全国から集まった海上自衛隊員とともに２カ月間の研修を受けたことです。ふだんはなかなか経験できないことを学び、とても貴重な経験になりました。

心がけていること

心と身体をいつも健康に！

私が最も心がけているのは、「心と身体がいつも健康」でいることです。人を助けるためには、まず自分の心と身体が元気でいることが何よりも大切です。それに、災害はいつくるかわからないので、トレーニングを欠かさず強い身体を維持するように心がけています。

119番通報を受けて、救急車で出場する仕事

救急隊

けが人や急病人を救急車で運びます。搬送の最中には、救命処置を行います。

救急車で患者を運ぶ

1 119番通報を受けて出場する

救急隊員は、119番通報を受けて、現場にかけつけて、けが人や病人に必要な処置をした上で、救急車で医療機関まで運びます。足立消防署の場合、1日に平均10件、多い日には15件も出場することもあり、24時間近く救急車のなかで過ごすこともある大変な仕事です。

2 増加する救急需要

近年､救急車の出場回数が増えています｡とくに､夏は猛暑による熱中症、冬は温度変化による体調の変化により出場回数が多くなる季節です。「救急車ひっ迫アラート」が出されることもあり、救急隊の増隊が行われているほか、熱中症対策や救急車の適時・適切な利用をうったえるなどの方法がとられています。

3 救急隊員

東京消防庁から、救急技術の認定を受けた人が、救急隊員として救急車に乗っています。救急隊長のほか、救急車を運転する資格をもつ救急機関員、救急隊員がチームを組んでいて、そのうちひとり以上は救急救命士です。

● 救急隊の部隊編成例

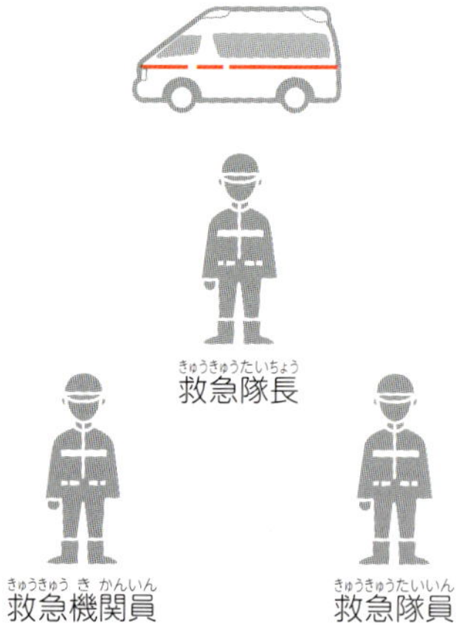

コラム 救急救命士とは

救急車で運ばれるけが人や急病人に、医師の指示を受けて、薬の投与や点滴など高度な手当をすることができる資格が救急救命士です。救急車のなかで手当できれば、患者が助かる可能性が高まるため、東京消防庁ではすべての救急車に、救急救命士が乗車するようになっています。

救急救命士の資格を取るには、2000時間以上救急活動に従事したうえで、養成課程研修を受けて、さらに国家試験にも合格するなどの方法があります。

はたらく人へインタビュー

けが人や急病人の救急処置・搬送する仕事

救急隊員・ポンプ隊員の岩田優奈さん

Q1 どんな業務をしていますか？

A 救急現場・火災現場での救助

救急隊やポンプ隊としてはたらいています。救急隊では、災害現場でけがをした人や急病の人の処置を行い、必要に応じて病院に搬送する仕事をしています。

ポンプ隊では、ポンプ隊員として消火活動や救助活動など男性と同様に活動しています。逃げ遅れている人を救助することもあります。体力が必要な仕事なので、現場で自分が倒れることのないよう、ふだんから訓練をしています。

Q2 特に苦労したことは何ですか？

A 想像以上に体力が必要

男性が多い職場で、女性が同じ仕事をするのは体力的に大変です。訓練や現場では、防火衣を着て重い資器材をもつため、その難しさを実感しています。

さらに、消防署では基本的に24時間勤務で、いつ災害が起きてもすぐに対応できるよう準備が必要です。救急隊の場合、救急要請が増加して、救急隊が不足し、ほとんど眠れないこともあります。そのような厳しい環境で活動することは、想像以上に大変です。

Q3 仕事のやりがいを感じるときはどのようなときですか？

A 人命救助にたずさわれること

一番のやりがいは、人命救助にかかわれることです。救急隊としてはたらいていると、命の危険に直面している患者さんに向き合う場面がよくあります。意識のない患者さんに必要な処置を行い、その結果意識が戻ったときは、大きな達成感を感じます。また、患者さんやご家族から感謝の言葉をいただくと、この仕事をしていて本当に良かったと思います。

心がけていること

相手を安心させる対応

どんな現場でも、相手にやさしく接することを大切にしています。けがをした人や、病気の人を運ぶさいには不安な気持ちを少しでも和らげることができるように、思いやりをもって話しかけることを、心がけています。

火災を未然に防ぐための仕事 予防課

これから建設される建物の安全性を高めて、火災の発生を未然に防ぐ仕事です。

予防課の仕事

毎日勤務の部署である予防課は、4つの係で成り立っています。予防係、危険物係、防火管理係、査察係があります。

1 予防係の仕事

まちに建物ができるとき、消防署の職員があらかじめ設計図などを調べて、建築基準法や消防法にそった安全な建物か確認するほか、防火安全対策についてのアドバイスをします。また完成時にも建物をたずねて、消防検査を行います。ボイラーやコンロのような火を使う設備を作るときも、届け出と検査が必要です。

また、花火大会や縁日など、火を取扱うイベントのさいにも、計画や露店の開設について予防課に届け出ます。

2 危険物係（調査担当）の仕事

石油やガス、火薬のような燃えやすい危険物を製造したり、貯蔵したりする施設の設置、変更等の許可申請や火災があった場合の原因調査や損害を証明するための「り災証明書」の発行等も行っています。

3 防火管理係の仕事

防火対象物点検報告書の届出、防火管理者、消防計画の届出、消防への意見、相談等について、広報業務についての仕事をしています。

4 査察係の仕事

管内の建物や店舗に立ち入って、消防関係法令に基づき、消防用設備などの状況を検査し、重大な法令違反には警告や命令などの違反処理を行います。

ミニ知識

立入検査とは

消防署が検査の必要があると判断したときは、消防法第4条の規定により、防火対象物へ立入検査を行うことができます。

この検査の結果、消防法令に違反していることがわかった場合、消防署長は指摘、指導などを行い、違反状態を是正するように命令します。

また、スプリンクラーや火災報知器などの設備の設置義務があるのにまもられていない建物は、違反した内容を消防庁のホームページで公表されます。

はたらく人へインタビュー

災害に備えて、建物の安全をまもる仕事

予防課・予防係の岡野匡能さん

Q1 どんな業務をしていますか？

A 建物の安全性を確認する

火災を未然に防ぐための仕事をしています。建物が安全に使われるよう、防火対策や消防用設備が正しく設置されているかを確認します。

具体的には、新しく建物を建てるときに、書類で防火対策をチェックします。建物が建ったら、実際に現場に行き、問題がないかを消防検査で確認します。ほかにも、建物を設計する人や工事をする人たちと話し合ったり、必要な書類の受付を行ったりします。

Q2 仕事のやりがいを感じるときは、どのようなときですか？

A 建物が完成し、みなさんが満足したとき

大きな建物を建てるときや、再開発をするときは、建物の設計が始まる前から工事が終わるまで、長い時間かかわることになります。途中でいろいろな苦労もありますが、最後に使用検査が終わったときには大きな達成感を感じます。さらに、関係者のみなさんが満足そうな顔をしているのを見ると、「この仕事をやってきて本当に良かったな」と思えます。

Q3 印象に残っていることはありますか？

A 「人生一大きな買い物にかかわっている」といわれたこと

建物を建てるときは、火事の安全を確認する「消防同意」の審査を行います。住宅の消防同意の審査をしているときに、上司から「だれかの人生で一番大きな買い物にかかわれる、貴重な仕事をしているんだよ」といわれたのが、心に残っています。

心がけていること

正しい知識で正しく伝える！

建物に消防用設備をつけたり、改修したりするには大きなお金がかかります。でも、もし必要な設備を見落としてしまうと、火災が起きたときに人の命にかかわることもあります。だからこそ、火災予防の専門家として、まちがった指導をしないように気をつけています。

自分の言葉や判断がたくさんの人に影響することを忘れずに、正しい仕事をするよう心がけています。

災害から地域をまもるための仕事　警防課

災害が発生した場合の対応から、災害に備えて、地域の防災意識を高めるために日々活動しています。

地域防災のために活動

警防課は４つの係で成り立っています。防災安全係（地域防災担当）、消防係、救急係、機械装備係となっています。地域防災担当は地域住民が行う防火防災訓練の指導、子どもたちへの総合防災教育など多岐にわたっています。

1 消防少年団

防火・防災にかんする知識・技術を身につけるとともに、規律ある団体活動や奉仕活動などを通じて社会の基本的なルールをきちんとまもり、思いやりの心をもった責任感のある大人に育つように日々の活動を行っています。

2 地域の防災訓練

町会や自治会、消防団と連けいして、地震のときに身をまもるために必要な方法や消火器の使い方など、万一の時にも「命をまもる」行動を身につけるためのさまざまな防火防災訓練をしています。

地震のとき家具等が落ちてけがをしないように、家具の転倒・落下・移動を防止する対策や、住宅用の防災機器の相談にものってくれます。

3 足立消防少年団の活動

足立消防少年団では、小学３年生から高校３年生の少年少女が、消防少年団員として活動しています。東京消防庁管内には、80の消防少年団がありますが、足立消防少年団の場合は月１～２回の活動で、初期消火訓練や、応急救護訓練、ロープを使った訓練などをするほか、高齢者施設を訪問して交流したり、夏季キャンプをしたりするなどさまざまな活動を行っています。

消防の仕事を見学して、防災についての意識を高めます

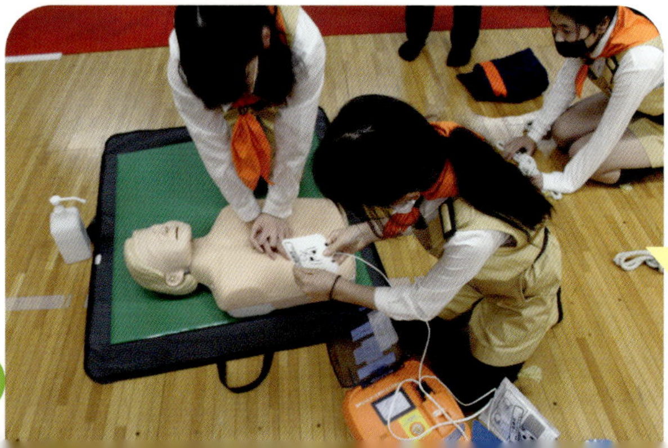

心臓がけいれんを起こして、危険な状態にある人に、AEDを使って救命する方法を訓練します

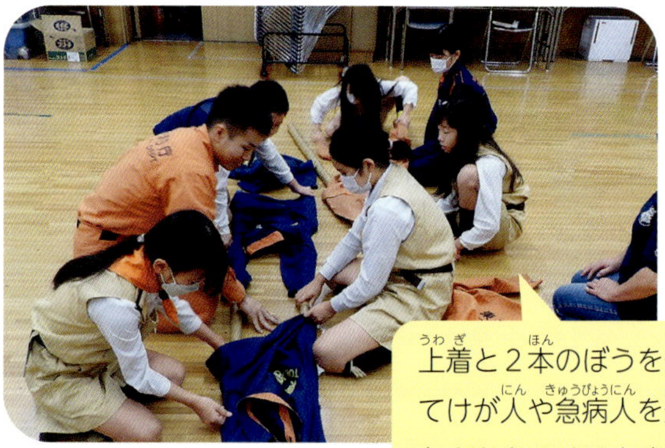

上着と２本のぼうを使ってけが人や急病人を運ぶたんかをつくります

警防課

消防車両

ポンプ車

ポンプを使って水をかけて火を消す、代表的な消防車です。

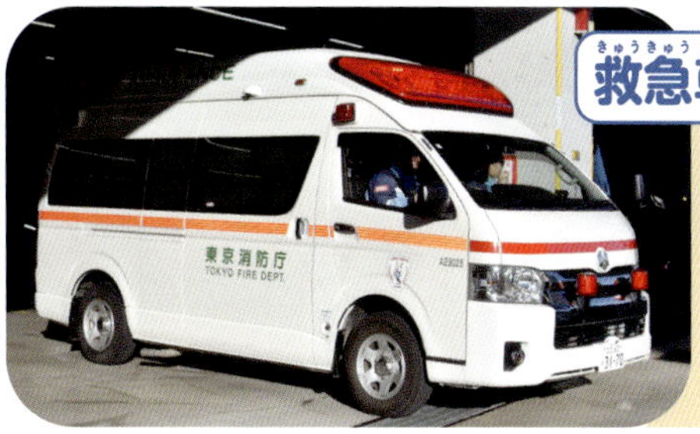

救急車

けが人や急病人の処置や搬送する必要がある傷病者を病院まで運びます。

指揮隊車

災害の現場で指揮をとる、大隊長が乗っています。無線や伝令、拡声器で命令を伝えます。

救助車

特別救助隊が使う救助車は、白いイナズマのラインが特ちょうです。救助用の資器材をのせて走ります。

はしごは30mのびます

はしご車

ビルに取り残された人を助けたり、高所から水をかけたりするため、はしごを積んでいます。

コラム

消防活動二輪車

1995（平成７）年の阪神淡路大震災のさい、がれきにおおわれた被災地でオートバイが活躍したことから、消防署に配備されるようになりました。その機動力をいかして、渋滞している高速道路や山でけがをした人の救助に、バイク隊がいち早くかけつけます。

未来の消防官を育てる消防学校

消防官や一般職員に採用された人は、必ず消防学校に行く必要があります。消防学校では、必要な知識や技術だけでなく、時間や規則をまもって行動することを学びます。

1 東京消防庁消防学校

消防官の場合、消防学校で６カ月間の初任基礎教育課程（全寮制）を受けて、基礎を身につけます。東京消防庁に採用された人は、ほかの地域の消防署ではたらいていた経験がある人も、一緒に学びます。

消防署に配属されたあとも、６カ月間の初任実務教育課程があって、はたらきながら災害現場での活動や、事務のしかたなどを習います。さらに教育の仕上げとして、４日間の初任総合教育課程で、職員としての自覚や、キャリア形成にかんする教育を受けます。

一般職員（事務職員等）の場合も、１カ月間の初任教育研修を受けますが、全寮制ではなく、家から学校に通います。

消防学校に入校した人には、給与も支給されます。

2 授業のカリキュラム

40～60人が１クラスで、そこから５～８人で小隊をつくり訓練を行います。

講義（座学）では、消防に関連する法令や消防の業務について学び、防災や危険物、建築・消防用設備などについての知識を身につけます。

また、学校の設備を使って、救急活動の訓練や、炎やけむりを実際に発生させての消火訓練などを行います。そのほか、体育などの実習もあります。

3 消防学校の設備

消防学校には、ふつうの学校にはない設備がいろいろあります。高層ビルや地下火災の訓練がで

ミニ知識

寮生活

消防官をめざす人は、６カ月間は消防学校の寮で集団生活をします。集団生活をすることで、時間や規律をまもって行動する習慣を身につけ、消防官としての心構えについて学びます。

食事は、最大600人が入れる食堂で管理栄養士が考えたメニューを食べます。終業後の自由時間は、アイロンがけや復習、自主トレーニングにあてるなどして過ごし、22時には就寝時間となります。寮の部屋は、個室ではありませんが、個人のスペースが間仕切りで分けられています。

学校内には、文具や日用品を売っている売店もあります。事前に届出をすれば、週末などに外出や外泊をすることも可能です。

きる訓練塔をはじめ、炎とけむりを発生させて実際の火災現場と同じような訓練ができる模擬消火訓練装置、救急車や救急資材にふれられる救急実習室、スプリンクラーや消火栓について学べる消火設備実習室、最深4.25mまで設定可能な水難救助訓練施設などがあり、ここで消防官が必要な知識や技術について学んでいきます。

4 消防学校の一日（例）

6：00 起床、点呼

ふとんをたたんだらすぐに校庭に向かい、クラス全員がそろって点呼を受けます。

学校の敷地内と周囲の清掃
管理栄養士が考えた朝食
課業の準備をします。

8：30 午前課業開始

授業では消防官としての心構え。必要な基礎知識、業務を行うための専門知識などを学びます。

12：00 昼食、休けい

最大600人が入れる食堂で、昼食をとります。

13：00 午後課業開始

実科訓練では消火や救助にかんするさまざまな訓練を受けます。また、実際の機器の取扱いについて学びます。

17：15 終業、自由時間

自主学習、自主訓練、
体力トレーニング、
夕食、入浴、洗たく、
アイロンがけ、靴みがきなど。

22：00 点呼、就寝

警察の仕事

警察は、市民が安心してくらせるように、地域をまもる仕事をしています。

警察ではたらく人たち

わたしたちのくらしのなかには、事故や災害、事件など、さまざまな危険があります。警察は、わたしたちが安心して安全にくらせるよう、交通安全の指導、事件の捜査、地域の見まもりなどを行っています。

警察の組織は、各都道府県に「警察本部」が設置され、区域ごとに警察署を取りまとめています。

たとえば、神奈川県であれば、神奈川県警察本部（神奈川県警）といいます。ただし、東京都だけは警察本部という名前ではなく「警視庁」といいます。

警察署の下には、交番や駐在所があります。

1 警察ではたらく職員

警視庁本部や警察署ではたらく人の職種は、交番に勤務したり、刑事事件を追ったりする警察官と、署内のさまざまな事務を行う警察行政職員の２つがあります。

110番通報を受ける通信指令室

①警察官

警察官は、市民の安全をまもるために、交番勤務や犯罪捜査、防犯、警備などのさまざまな警察活動を行います。警察官の仕事については、32ページ以降にくわしく紹介しています。

②警察行政職員

警察行政職員は、大学で学んだり企業で経験を積んだ技術や専門知識をいかして、警察本部や警察署内で、警察官とともに住民の安全をまもるためにはたらいています。

たとえば、土木や建築の専門知識・技術をいかして、交番や駐在所の建物の整備や管理をしたり、運転免許試験場の免許試験コースを整備したりします。また、道路にかんする専門知識・技術をいかして、交通安全にかんする調査や設計などの仕事を行います。

外国語が話せる場合は、外国人がかかわった事件の取調べなどに通訳として捜査に加わることもあります。そのほかにも、機械・電気・科学・保健・心理などの知識・技術をいかして、さまざまな仕事で警察活動を行っています。警察本部や警察署などには、電話を受けたり、窓口に来た人への対応、犯罪にかんする資料の作成、行事の運営など、さまざまな事務作業を担当する職員がいます。

警察官には階級がある

② 警察官の最初は巡査

警察官になったら、まず「巡査」の階級からスタートします。昇進試験を受けて合格すると、階級が上がっていきます。制服を着ているときは、階級を示すバッジをつける規則があります。

● 警察官の階級

- 警視総監（警視庁のみ）
- ↑ 警視監
- ↑ 警視長
- ↑ 警視正
- ↑ 警視
- ↑ 警部
- ↑ 警部補
- ↑ 巡査部長
- ↑ 巡査

ミニ知識

「警察庁」と「警視庁」

日本の首都である東京には、国会議事堂をはじめさまざまな重要施設や、大企業の本社も数多くあります。日本のなかでもっとも人口が多く、日本の経済の中心地でもあるため、さまざまな任務があります。そのほかにも、天皇陛下や国内外の要人（重要な立場の人）の警備、テロ対策など、警視庁にしかない役割はいろいろあります。

各都道府県にある警察本部のなかで、東京都を管轄しているのが「警視庁」です。「警視庁」のトップは「警視総監」です。

国の警察機関には、内閣総理大臣の管理のもと、国家公安委員会が置かれていて、その下に「警察庁」が設けられています。「警察庁」は「警察」という名前がついていますが、捜査ではなく、各都道府県の警察の組織の運営や、事務的な仕事が中心です。広域組織犯罪や犯罪鑑識などで、都道府県の警察の指揮監督も行っています。

警察庁にも、各警察本部と同じように、「生活安全局」「刑事局」「交通局」「警備局」、そして「組織犯罪対策部」があり、警視庁や各警察本部と連けいをしています。警察庁のトップは警察庁長官と呼ばれています。

警察の仕事２

各都道府県には、警察署全体を取りしきる警察本部があります。事件や事故が発生すると、警察署と警察本部は連けいをとりながら活動します。

警察本部と警察署の連けい

1 警察本部のしくみ

日本全国に、警察署は1149、地方公務員の警察官は約26万人（2024年４月１日）います。

東京都を管轄する警視庁は、東京都公安委員会の管理のもと、警視総監、副総監の下に、９つの部署と警察学校、２つの対策本部（特殊詐欺対策本部、サイバーセキュリティ対策本部）、10の方面本部、102の警察署で構成されています。警察署の下に、交番や駐在所があります。

警視庁には警視総監、道府県の警察にはそれぞれ道府県警察本部長が置かれ、警視庁と道府県警察本部の事務をまとめています。

● 警視庁の組織図

東京都知事 ― 東京都公安委員会 ― 警視総監 ― 副総監

副総監の下：
- 総務部
- 警務部
- 交通部
- 警備部
- 地域部
- 公安部
- 刑事部
- 生活安全部
- 組織犯罪対策部
- 警察学校
- 特殊詐欺対策本部
- サイバーセキュリティ対策本部
- 方面本部 ― 警察署

※方面本部：警視庁では、東京都内を10に区分して管轄する地域が決められています。

わたしたちの身近にある警察署はこの部分にあたります。

2 警察署のしくみ

警察署には、交番や駐在所を管理する地域課や交通事故の調査や取締りなどを行う交通課のほか、刑事課、警備課などがあり、担当する業務によって課が分けられています。

ただし、警察署の規模によって、課が統合されたり分割されたりしています。

事故や事件が起きたとき、電話で「110番」をして警察に通報します。この通報を受けるのが、「警察本部」の「通信指令室」です。ここで事故や事件の位置を確認し、警察署や警察官に無線を使って出動命令を出します。

● 警察署の組織図

警察署

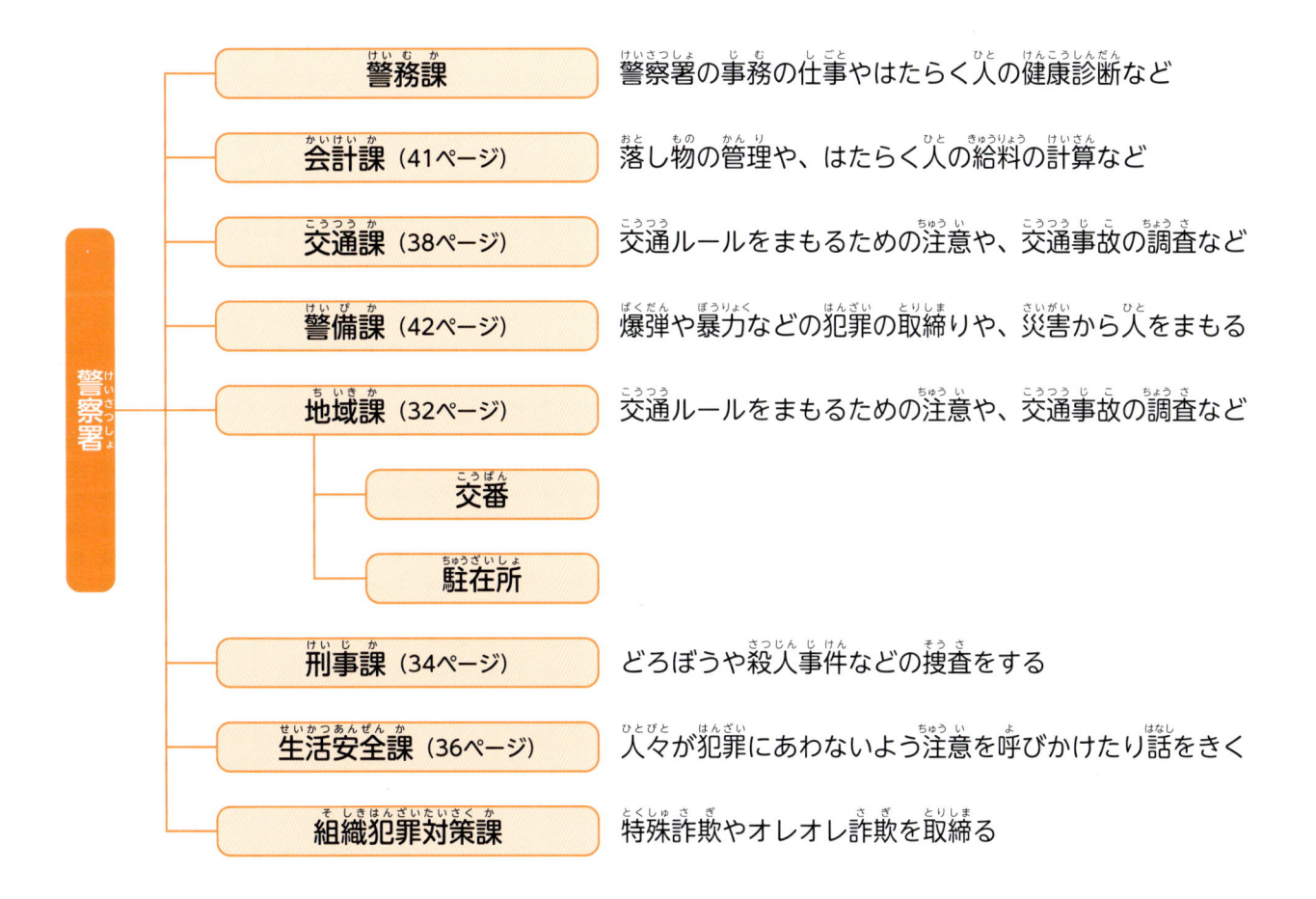

- 警務課：警察署の事務の仕事やはたらく人の健康診断など
- 会計課（41ページ）：落し物の管理や、はたらく人の給料の計算など
- 交通課（38ページ）：交通ルールをまもるための注意や、交通事故の調査など
- 警備課（42ページ）：爆弾や暴力などの犯罪の取締りや、災害から人をまもる
- 地域課（32ページ）：交通ルールをまもるための注意や、交通事故の調査など
  - 交番
  - 駐在所
- 刑事課（34ページ）：どろぼうや殺人事件などの捜査をする
- 生活安全課（36ページ）：人々が犯罪にあわないよう注意を呼びかけたり話をきく
- 組織犯罪対策課：特殊詐欺やオレオレ詐欺を取締る

地域の安全をまもる仕事　地域課

交番ではたらく警察官は、私たちがもっとも身近に感じる「まちのおまわりさん」です。まちのパトロールや道案内、落し物の届け出などを受付けています。

地域住民にもっとも近い存在

地域課は、地域住民の日常生活の安全をまもる目的で、地域に根差した活動を行っています。

1 警察署地域課

地域課は、私たちの身近にある交番や駐在所のほか、110番指令を行う通信指令本部、地域パトロールを行う自動車警ら隊、駅構内や電車内をパトロールする鉄道警察隊などを取りまとめている部署です。

2 交番勤務は交替制

地域課の警察官は、24時間地域の安全をまもるため、交替ではたらいています。警視庁の地域警察官は、４交替の体制です。

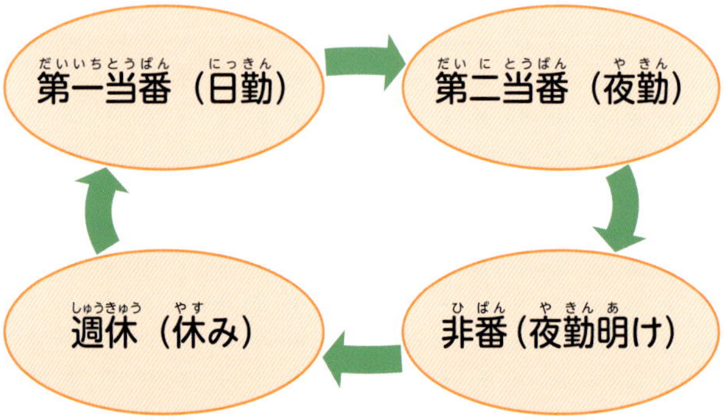

3 交番ではたらく警察官

「交番」は、おもに都市部に置かれていて、警察官数人が交替で地域の安全をまもっています。交番がない地域には、「駐在所」が置かれていて、ひとりの警察官が家族と一緒に、その地域に住んで活動しています。

①交番の前に立って地域を見まもる（立番）

交番などの施設の外に立って、通勤・通学の人たちを見まもりながら、不審な人がいないか、困っている人がいないかなどを見張ります。

②道案内・落し物の届け出を受理

目的地までの道がわからなくなった人に道順を教えます。また、落し物や拾い物の届け出を受けたりします。

③地域のパトロール・巡回連絡を行う

１日のうち決まった時間に地域をパトロールしながら、まちの様子を見まもります。また、一般家庭や会社などを一軒ずつ訪問して、くらしの安全や防犯についての連絡を行ったり、住民からの要望や相談を受けるなどの巡回連絡も行います。

パトロールでは、いろいろな場面に遭遇します。

たとえば、夜のパトロールで、酔っぱらって道で寝ている人を見つけたら、助けます。また、あやしい行動をする人を見つけたら、声をかけて質問（職務質問）することもあります。

④事件・事故に対応する

110番通報があったら、現場にかけつけて、被害にあった人から話を聞くなど、現場の捜査活動に加わります。

⑤交通指導・取締り

交通量が多い道路や通学路では、住民が交通事故にあわないよう交通指導を行います。また、交通違反の取締りも行い、地域の交通の安全をまもっています。

⑥書類づくりと整理

住民からの相談ごとの内容やパトロールで見聞きした情報、事件・事故での活動状況などを書類にまとめることも大切な仕事です。

警察官のもち物

警察手帳
警察官であることを証明するもの。名前や階級が書かれている

耐刃防護衣
刃物をもった犯人をつかまえるときに、警察官の身体をまもるもの

警棒・けん銃
犯人がもっている武器から、住民や警察官をまもるためのもの

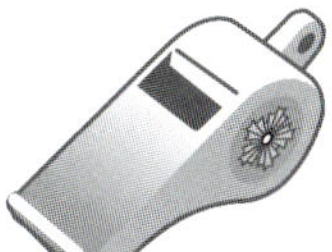

警笛
交通の取締りなどに使う

携帯無線機・無線受令機
指令を聞くときや連絡をとるときに使う

手錠
犯人をつかまえるときに使う

コラム

交番の歴史

明治7年（1874年）に、警視庁に初めて「交番所」がつくられました。当時は、建物はなく、警察官が警察署から決まった場所までパトロールしながら歩いて行き、交替で立番していたそうです。

その後、交番所という建物ができ、現在は「交番」と呼ばれるようになりました。

犯罪捜査を専門に行う仕事 刑事課

刑事は、人の命や財産をまもるため、どろぼうや傷害・殺人などの事件を調べて、犯罪に立ち向かいます。

刑事捜査にかかわるさまざまな部署

刑事部は、あつかう犯罪によって課が分かれています。そのほかにも、犯罪捜査をサポートする課がいくつもあります。

1 強行犯捜査（捜査第一課）

殺人、強盗、放火、傷害、誘拐などの凶悪犯罪を取締ります。

2 知能犯捜査（捜査第二課）

わいろ、詐欺、横領、選挙違反など、暴力などを使わず知能を使った犯罪を取締ります。

刑事は、制服を着ていません。犯人に警察官だと気づかれないようにするためです

3 盗犯捜査（捜査第三課）

家宅侵入、ひったくり、すりなどの盗難の犯罪を取締まります。

4 刑事総務課

刑事が作成した資料や書類を保管したり、事件にかかわる防犯カメラ映像の回収や解析などを担当したりして、犯罪捜査をサポートします。

5 鑑識課

事件現場で指紋や足あとを採取したり、現場の写真を撮影したりするなどして、犯罪につながる情報の収集や分析を行います。また鑑識課は「鼻の捜査官」と呼ばれる、警察犬を管理しています。鑑識課の警察官が警察犬を使って、事件現場の臭いから犯人の行方を追跡したり、行方不明者を探したりします。

6 機動捜査隊

重大な事件が起きたときに、車などでいち早く現場に出向き、所轄の警察署とともに犯人を早く確保したり捜査するなどの初動捜査を行います。

7 科学捜査研究所

捜査部署から依頼された証拠について、最新の科学技術や専門知識を使って鑑定・検査し、事件の解決に役立てます。

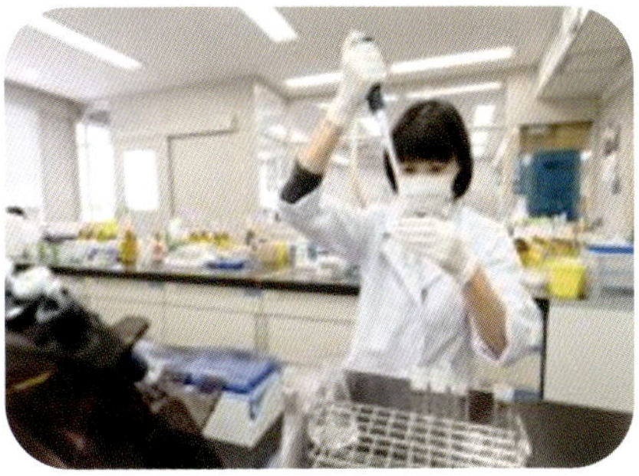

科学捜査研究所では、薬物鑑定、繊維鑑定、文書鑑定、ポリグラフ検査など、さまざまな検査・鑑定を行っています

8 捜査活動

事件が起こったら、刑事はただちに現場に急行して、犯罪の証拠となる情報を集めたり、被害者や目撃者などから話を聞いたりします。さまざまな情報を集めながら、地道な活動を積み重ねて犯人を特定します。さらに、取調べを行い、犯人の話の内容が事実かどうかを証明する裏づけ捜査を行って、事件の真相を明らかにします。事件が解決するまでに時間がかかることもありますが、被害を受けた人のために、粘り強く捜査活動を続けます。

コラム

組織犯罪対策課とは

犯罪のなかでも、組織的な犯罪や暴力団、薬物・銃器などの密輸・密売にかかわるものは組織犯罪と呼んでいます。警視庁をはじめとする全国の警察本部には、こうした組織犯罪の情報を集めて対策をねり、総合的に取締る組織犯罪対策課があります。

組織犯罪対策課は、組織犯罪対策・暴力団対策・薬物銃器対策のほか、国際犯罪や犯罪収益対策などに分けられ、それぞれの警察署内の課と連けいを取りながら、捜査を進めています。

地域の防犯活動

生活安全課

身近な事件から住民をまもるための防犯活動や取締りを行っています。おもに子どもや女性の安全対策、少年犯罪対策などにかかわる活動をしています。

くらしにかかわる犯罪防止に努める

1 住民の安心な生活をまもる

住民が安心してくらしていく生活をまもるために、住民の身の回りで起こった犯罪を取締ったり、住民が犯罪に巻きこまれないための防犯活動に取組んでいます。また、くらしのなかで起こるさまざまな問題に対して住民からの相談も受付けて、対策に取組んでいます。

そのほかにも、メールや防犯アプリを通して、犯罪発生状況などの情報を発信し、住民の防犯意識を高めてもらう活動も行っています。

2 防犯活動

「オレオレ詐欺」は、犯人が電話などで家族を名乗り、「お金が必要だ」などといって、現金をだまし取ったり、犯人の銀行口座にお金を振り込ませたりする犯罪です。また、市役所の職員や警察官を名乗って、キャッシュカードなどの暗証番号を聞き出して、預金をだまし取る犯罪も増えています。

こうした特殊詐欺のほか、空き巣、子どもや女性を狙った犯罪などから地域住民をまもるため、いろいろな方法で防犯活動を行っています。

ミニ知識

さくらポリス

警視庁には、子どもや女性に声をかけたり、つきまとったり、チカンをしたりする犯罪を専門に取締る「さくらポリス」というチームがあります。こうした犯罪は、エスカレートすることがあるため、早く捜査して犯人をつかまえることが大切です。地元の警察署からの要請に応じて、警視庁から「さくらポリス」が捜査活動を行います。

子どもや女性が被害について話しやすいよう女性の刑事がいます。

3 少年少女の非行防止や保護

少年少女がかかわる犯罪や、少年少女が被害にあう犯罪の取締りを行っています。また、犯罪が起こりそうな地域をパトロールして、少年少女が犯罪に巻きこまれないよう注意や指導を行い、場合によっては補導することもあります。

また、犯罪にかかわったり被害を受けたりした少年少女が立ち直るための支援にも力を入れています。

● まちのなかにある防犯カメラ

東京都では、犯罪が起こりやすい繁華街などに防犯カメラを設置しています。撮影した映像は、担当者がつねにモニターで見ており、110番通報や事件・事故などに対応します

4 身の回りのトラブルの相談

人からつきまとわれたり、待ちぶせされたりするなどのストーカー被害や、家族からの暴力、近所の人とのトラブルなど、身の回りの問題の相談を受け、対策を行います。

5 社会の安全とルールをまもる

悪質な風俗店を取締ったり、ごみを違法に処分する不法投棄、インターネットを利用したサイバー犯罪、違法な方法でお金を貸すヤミ金融犯罪などの取締りを行っています。

コラム

特殊詐欺に立ち向かう警察官

オレオレ詐欺、還付金詐欺は、高齢者が狙われやすい犯罪です。近年は、パソコンやスマートフォンを見ている人を偽物のサイトに誘導したり、警告を表示して金銭をだまし取ろうとしたりする種類の詐欺も多く発生し、若い年代の人にも被害が広がっています。

「特殊詐欺対策」を担当する仕事では、これら特殊詐欺事件を捜査して犯人を検挙するだけでなく、被害を防ぐためのさまざまな活動を行っています。

特殊詐欺が発生したさいには、どのような状況で発生したのかを分析することで、被害を未然に防ぐことにつながります。

日ごろから、高齢者の家を訪問して自動通話録音機の設置や、金融機関への広報を行うといった活動も行っています。

安全な交通社会をつくる 交通課

交通事故を減らすため、交通指導や取締りなどを行います。また、運転免許にかかわる手続きや試験を実施します。

一般道と高速道路の交通取締り

警視庁には、白バイやパトカーで交通取締りを行う部署が２つあります。

①交通機動隊

一般道路の交通取締りを行います。東京都では６つの管轄に分けています（６隊）。

②高速道路交通警察隊

高速道路や有料道路の交通取締りを行います。

1 一般道路での交通取締り

白バイ隊員は、日々、管轄の道路をパトロールします。また、事故が起こりやすい交差点に待機して、交通違反の取締りや交通監視などを行います。車やバイクの運転手だけでなく、歩行者にも交通事故を防ぐために注意をうながします。

スピード違反や危険運転をしている車やバイクを見つけたら、その後を追って、取締りを行うこともあるため、白バイ隊員には、安全を保ちながら追跡する高い運転技術が求められます。そのため、白バイ隊員は、配属後も訓練を重ねて運転技術をみがく必要があります。

事故が多い交差点で交通監視を行います

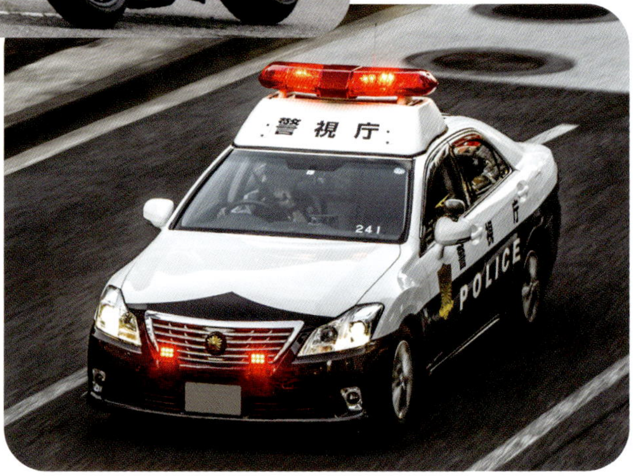

2 高速道路での交通取締り

高速道路で起こる重大な交通事故は、スピードの超過、車間距離が狭いこと、無理な割りこみなどが原因で起こります。

そこで、白バイやパトカーに備えつけられている自動速度取締り機などを使い、交通違反を取締っています。
　また、週末や夜間には、高速で走り回る車や集団暴走を行う車が増えるため、一般ドライバーや近隣住民の安全をまもるために取締りを行っています。

バイクによる交通事故が増えているため、白バイ隊員が直接運転手に安全運転のアドバイスを行うこともあります

3 警備

　皇室の行事や外国からの要人が来日したときなどに、警備のために交通規制を行います。またパトカーなどで要人が乗る車を先導します。

4 マラソン大会の先導

　大きなマラソン大会やパレードが開かれるときは、交通規制を行うとともに、白バイが選手やパレードを先導する役割をになっています。

ミニ知識

警察車両「サインカー」

　道路で、一般ドライバーや歩行者などに、交通安全にかんする情報を電光掲示板で知らせる「サインカー」という車両があります。イベントなどにも登場して、交通事故の予防や交通安全のためにも活用されます。

コラム

白バイ安全運転競技大会

　白バイ隊員が、日ごろの訓練の成果を発揮して運転技能を競う大会があります。
　あらゆる道路でバランスを取りながら走行する技術や、曲線コースを正確に走行できる技術などを見せてくれます。一般の人も入場できるため、間近で白バイ隊員の高い技術を見ることができます。

埼玉県警察白バイ安全運転競技大会2024で優勝した、埼玉県警 小川署交通課員

出典：埼玉県警察ホームページ

乗り物や道路での安全対策を行う

1 交通安全の対策や教育

地域の集まりや学校、幼稚園などに出向いて、住民や子どもが、交通事故にあわない、交通事故を起こさないための交通安全教育を行います。

交通課では、車やバイク、自転車による交通事故を防ぐため、安全運転の意識を高めてもらうイベントを企画します。

歩道の歩き方や横断の仕方など、子どもたちが交通事故にあわないための教育を行っています

2 交通事故の捜査

交通事故の通報があったら、すぐに現場に向かいます。けがをした人の救助を行ったり、事故にあった車にほかの車が衝突してさらに交通事故が発生しないように交通整理を行ったりしながら、事故の原因を調べます。

とくに、ひき逃げや危険運転といった重大な事故が起こったときは、交通鑑識も加わり、事故現場に残っている物や車のタイヤのあとなどの手がかりを調べて、交通事故の解明に向けて捜査を行います。交通鑑識が見つけた、事故現場の小さな証拠が手がかりとなり、事故のすべてが明らかになることもあります。

3 道路にかんする手続き、管理など

マラソン大会や道路工事などを計画しているとき、事前に道路の使用許可の書類を出さなければなりません。そうした申請書類などを受付ける事務仕事をします。

また、道路の標識や標示、信号機などを管理して、新たな設置や修復などの作業を行います。

4 運転免許にかんする手続き、試験の実施など

運転免許証の交付にかんするさまざまな手続きを行います。また、運転免許試験場には、「自動車運転免許試験官」という警察行政職員がいます。正しい交通ルールで、自動車の正しい運転操作ができているかを見る自動車運転免許試験の合否判定を行います。

ミニ知識

全国交通安全運動

全国交通安全運動は、国民に交通安全を広めて、交通ルールをまもること、正しい交通マナーを実践することを呼びかける運動です。

この運動は、第二次世界大戦後、車の交通量が増え、交通事故が増加していたことから始まったものです。

全国交通安全運動は、毎年、春と秋の2回、10日間行われ、そのうち1日は「交通事故死ゼロを目指す日」と定めています。

落し物の管理やさまざまな事務を行う

会計課

警察署ではたらく人にかかわる事務や、交番から落し物を引きついで管理しています。

さまざまな落し物の管理をする

1 交番に届けられた落し物を引きつぐ

ひろわれた落し物を管理しているのが会計課です。警察署には落し物を受付ける窓口があり、金品やバッグ、荷物などいろいろなものを受付けています。交番に届いた落し物も、警察署内の会計課に引きつがれて、一定の期間、管理されます。

また会計課は、落し物をした人からの問い合わせにも対応します。こうした業務は遺失物業務といわれるもので、なかには、ペットとして飼われていた犬や猫が届けられて対応することもあります。

2 給与の管理や予算の管理も行う

会計課は、警察署ではたらく人の給与の管理や事務、予算管理など広いはんいの事務仕事をになっています。警察署によっては、車庫証明の警察手数料の徴収や福利厚生にかんする事務も行います。

コラム

落し物の流れ

警視庁や警察本部では、落し物が届くと、「拾得物件預り書」を作成します。この書類は、届けた人に渡します。警察署では、落し物の中身を確認します。名前や連絡先が書いてあれば、落した人に連絡をして返します。

落した人が見つからないときは、一定の期間、警察署で保管して、その後は各都道府県の遺失物センターに送ります。遺失物センターではさらに、落した人が届け出をしたさいに記入した「遺失届」と落し物を照合し、わかれば落し主に連絡します。

3カ月過ぎても落し主が見つからない場合は、ひろった人のものになります。

ただし、携帯電話などの落し物は、ひろった人のものにはなりません。

東京都では、警視庁による「拾得物公表システム」がインターネットで公開されています。東京都内で拾われた落し物と、他府県で拾われて都内の警察署に届けられた落し物を検索することができます。

警視庁による「拾得物公表システム」

さまざまな警備にあたる　警備課

社会の安全と人命をまもるために、社会の最前線で警備をします。

テロやゲリラなどの犯罪の取締りや災害から命をまもる

1 警備警察

テロ対策、重要な地位の人物（要人）の警護、災害時の避難誘導や救出・救助などを行う部署は「警備警察」と呼ばれています。

東京都を除く各道府県警察の警備部には公安課、警備課、外事課、機動隊などの部署がありますが、東京都の警視庁のみ、独立して「公安部」が存在し、テロ対策など、国家や国民の安全をまもる活動を行っています。

2 人々の安全をまもる

デモ行進や抗議活動が行われるとき、活動の参加者と通行人が事故にあわないよう、沿道の警備や交通整理などを行います。

3 混雑による事故を防ぐ

花火大会やコンサート、スポーツ観戦など、大規模なイベントが開かれるときは、大勢の人でこみあいます。混雑による事故などを防ぐために、主催者側と協力して、交通整理などを行い、イベントや参加者の安全をまもります。

大勢の人が集まるイベントでは、事故が起きないよう警備を徹底しています

コラム　災害対策課によるSNS

警視庁警備部のなかに災害対策課があり、地震や台風などの災害への備えと発生時に役立つ情報をSNSで発信しています。身近なものを使った防災対策を紹介したり、災害発生時の状況を刻々と伝えたりして、多くのフォロワーをもつ人気SNSとして知られています。

4 災害時に住民の安全をまもる

地震や台風、洪水などが発生したとき、被災者の避難誘導や救出・救助活動を行ったり、緊急交通路の確保、復興支援などを行ったりします。

警視庁には、特殊救助隊という人命救助の専門部隊があります。特殊救助隊は、東日本大震災の教訓から発足しました。自然災害、交通事故や山での遭難などが発生したとき、国内外を問わず出動して、救助活動を行います。大規模災害では、自衛隊や消防署、現場の警察署などと協力して、人命救助にあたります。

水難事故にあった人を救助します

5 要人の警護

国内外の重要な地位にある人や政府要人の身辺を警護する警備課の警察官をセキュリティポリス（SP）といいます。高度な逮捕術や武術などを身につけ、万一のときには、身体を張って要人をまもることもある、危険と隣りあわせの仕事です。

そのほか、総理大臣官邸を24時間、365日警備する仕事などもあります。

天皇陛下および皇族の身の回りの安全を確保する「警衛警護」という役目もあります。

SPは常に緊張・集中して警護しなければならない

コラム

警察活動をささえる警務課

警察署には警務課という部署があります。警察組織やはたらく人がはたらきやすいように環境や健康をととのえるだけでなく、文書の管理や、施設の管理などのほか、広報活動まで、とても広い範囲をになっています。警察ではたらきたい人の採用や勤務先を決める仕事と、警察署ではたらく人の健康の管理、武道や剣道、けん銃の訓練にかかわる仕事もあります。

未来の警察職員を育てる警察学校

警察職員になるための教育機関が、警察学校です。全寮制で、警察職員として必要な教養や実務、訓練を身につけます。

1 警視庁警察学校

警視庁警察学校に入校すると、大学卒業者は6カ月間、高校卒業者で10カ月間を全寮制で訓練を受け、教養を学びます。

2 授業のカリキュラム

講義（座学）では、警察職員としてはたらくために必要な一般教養、法学（憲法や刑法など）などを学びます。

術科訓練では、柔道・剣道・合気道や逮捕術、拳銃訓練などを受けます。

警察実務では、経験豊かな教官の指導のもと、各部署の実習を行います。

そのほかに、体育祭や術科大会なども行われます。

3 規則正しい団体生活

警察学校では、組織の一員として、仲間と協力しながら活動します。全寮制の生活は、起床から就寝までのスケジュールが決められているので、協調性を養い、組織で行動する重要性を身につけることができます。

卒業式を迎えるときには、心身ともにたくましく成長しています。卒業後は、警察署へ配置されます

ミニ知識

警察官になるための試験とは

警視庁や県警に地方公務員として採用されるためには、「警察官採用試験」に合格しなくてはいけません。採用試験は、はたらきたい地域ごとに行われ、東京の場合、大卒程度、または高校卒業程度の学力がある人が受けられます。

第１次試験は、身体検査、教養試験・論文試験などの筆記試験と、適性検査があります。

第２次試験では面接試験、身体検査・体力検査があります。

第２次試験に合格すると、巡査として採用され、警察学校で研修を受けます。警察学校での研修期間中は、給料をもらえます。

警察学校で研修を修了すると、はじめて警察署に配属されます。

警察庁ではたらく警察官は、国家公務員試験に合格後、警察庁を訪問し、採用される必要があります。

4 警察学校の一日（例）

6：00	起床、点呼、掃除
7：30	朝食
8：30	ホームルーム、授業
11：40	昼食休けい
12：40	授業
17：15	掃除、自由時間
18：00	夕食
19：00	入浴、自由時間
22：00	点呼
22：30	消灯

コラム

公務員試験

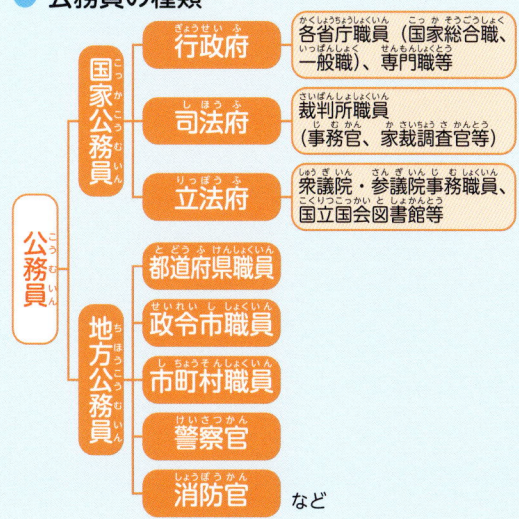

公務員のなかでも、政治を司る内閣や国会、裁判所などではたらく人は「国家公務員」、警察官や消防官、学校の先生など、地域ではたらく人は「地方公務員」です。消防庁や警察庁ではたらく人は国家公務員です。

地方公務員はさらに、「初級」「中級」「上級」の3つ（受験先によって呼び方はちがいます）に分けられます。私立と呼ばれる学校や建物、会社が運営している施設ではたらく人は公務員ではありません。

公務員は、試験を受けて合格する必要があります。試験は、筆記試験の一次試験と、人物試験・面接などの二次試験があります。職種によって異なりますが、筆記試験には教養択一試験や専門択一試験、論文試験などがあります。専門的な知識だけでなく、一般常識や社会の時事問題なども試験にでます。

地方公務員の試験は、一次試験は6月下旬、二次試験は7月中旬に実施されます。国家公務員の試験の内容や試験日は、職種によってさまざまですから、事前によく調べておくとよいでしょう。

公務員の種類

- 公務員
  - 国家公務員
    - 行政府：各省庁職員（国家総合職、一般職）、専門職等
    - 司法府：裁判所職員（事務官、家裁調査官等）
    - 立法府：衆議院・参議院事務職員、国立国会図書館等
  - 地方公務員
    - 都道府県職員
    - 政令市職員
    - 市町村職員
    - 警察官
    - 消防官 など

さくいん

た行

なは行

まやらわ行

協力 **足立消防署**（あだちしょうぼうしょ）
東京消防庁（とうきょうしょうぼうちょう）

●編　お仕事研究会
●編集　ニシ工芸株式会社（余田雅美、中山史奈、佐々木裕、髙塚小春）
●装丁・デザイン　ニシ工芸株式会社（安部恭余）
●企画　岩崎書店編集部
●イラスト　福本えみ、PIXTA
●写真協力　足立消防署、東京消防庁
埼玉県警察ホームページ
(https://www.police.pref.saitama.lg.jp/p0220/kenke/sirobaitaikaiyuusyou.html)

＊この本に掲載されている情報は、特に記載のない場合、2024年12月現在のものです。

まちをつくる　くらしをまもる　**公務員の仕事　5. くらしをまもる仕事**

2025年3月31日　第1刷発行

編　お仕事研究会
発行者　小松崎敬子
発行所　株式会社岩崎書店
〒112-0014　東京都文京区関口2-3-3 7F
電話（03）6626-5080（営業）／（03）6626-5082（編集）
ホームページ https://www.iwasakishoten.co.jp
印刷　株式会社光陽メディア
製本　大村製本株式会社

ISBN 978-4-265-09223-9　48頁　29×22cm　NDC318

Published by IWASAKI Publishing Co., Ltd.　Printed in Japan
ご意見・ご感想をお寄せ下さい。e-mail:info@iwasakishoten.co.jp
落丁本・乱丁本は小社負担でおとりかえいたします。

まちをつくる くらしをまもる

公務員の仕事

全5巻

1. くらしの窓口

協力：足立区役所　編：お仕事研究会

2. 福祉・健康関連の仕事

協力：足立区役所　編：お仕事研究会

3. まちづくりの仕事

協力：足立区役所　編：お仕事研究会

4. 教育・子ども関連の仕事

協力：足立区役所　編：お仕事研究会

5. くらしをまもる仕事

協力：足立消防署　編：お仕事研究会

岩崎書店